10 INVENTORES QUE CAMBIARON EL MUNDO

Escrito por Clive Gifford
Ilustrado por David Cousens

EDILUPA

Ilustraciones adicionales de Sarah Cousens

Copyright © Macmillan Children´s Books 2009
Copyright © de la edición en español Edilupa Ediciones 2009

ISBN: 978-84-96609-44-0
Traducción en castellano: Irene Sánchez Almagro
Maquetación: Dessin, S.L.

Impreso en Singapur/Printed in Singapore

Glenn Curtiss

Isambard Kingdom Brunel

Arquímedes

Marie Curie

Sumario

De la antigüedad a la modernidad

Los seres humanos siempre han tenido curiosidad por el mundo que los rodea y han pensado en cómo modificarlo en función de sus intereses.

Aprendieron el modo de manipular la madera, la piedra y más tarde los metales, para crear objetos que les hicieran la vida más fácil. Antes de que aparecieran las grandes civilizaciones, ya se habían inventado multitud de armas y de herramientas imprescindibles: desde la espada al arado, pasando por el martillo o la rueda.

Las grandes civilizaciones de la Antigüedad, como la china, la europea o las del mundo árabe, fueron responsables de gran cantidad de importantes inventos. De China vino la primera brújula, los cohetes, la pólvora y el primer sismómetro o detector de terremotos. Además, hace más de dos mil años, un oficial de la corte china ideó el primer proceso eficiente para fabricar papel. Los inventores árabes desarrollaron la primera pluma estilográfica con su propia carga de tinta incluida. También, unos rudimentarios torpedos, los molinos de viento y la cámara oscura, que se atribuye al astrónomo Ibn-al-Haytham (965-1039 d. C.).

En el año 132 d. C., el inventor chino Zhang Heng (a la izquierda) mostró su sismómetro al joven emperador. Una bola de bronce caía de la boca de uno de los ocho dragones a un sapo de cobre e indicaba así la dirección del terremoto.

En 1941 apareció el primer ordenador programable, el Z3, inventado por el alemán Konrad Zuse.

Un invento empieza con una idea, pero pueden ser necesarios muchos años de duro trabajo para que se convierta en una realidad. Por ejemplo, James Dyson inventó la aspiradora sin bolsa en los años 80 después de haber construido 5.127 modelos de prueba. En ocasiones, surgen rivalidades entre inventores que pugnan por pasar a la Historia como los primeros que dieron a luz un determinado ingenio, o para beneficiarse de ser los primeros en venderlo. A veces, aquellos que son mejores en los negocios, ganan la batalla. En la mayoría de los casos, los inventores trabajan sobre ideas previas de otros. Los coches, los ordenadores, los televisores o los aviones que usamos hoy día están construidos sobre el conocimiento y las invenciones de creadores del pasado.

Los inventores siguen modificando nuestros modos de vida día a día, aunque ahora la mayoría trabaja en grandes centros de investigación de empresas privadas o en organizaciones estatales. En ocasiones, la brillantez de un hombre o de una mujer puede crear algo que puede convertirse en un objeto totalmente cotidiano. Se trata de gente como Laszlo Biro, el inventor del primer bolígrafo; Mary Anderson, quien inventó los limpiaparabrisas de los coches; o Trevor Baylis y su radio de cuerda que no necesita pilas.

Arquímedes

Hierón II, rey de Siracusa sospechaba que lo habían estafado. Le había dado oro a un artesano para que le hiciera una corona, pero sospechaba que este se había quedado con una parte y había mezclado el resto con metales menos valiosos, como plata o latón. Pero ¿cómo podría demostrarlo? Para eso, se encomendó al más reputado pensador de su reino, Arquímedes.

Arquímedes sumergió la corona en un recipiente lleno de agua. Sabía que el volumen del agua que rebosara era igual al volumen de la corona, por eso tomó nota de la cantidad de agua que había rebosado y pesó la corona. Con estas dos medidas, el peso y el volumen de la corona, Arquímedes podía calcular la densidad del objeto. Con este mismo método, calculó la densidad de una pieza de oro puro que pesara igual que la corona, y resultó que la corona era menos densa que el trozo de oro. Esto significaba que no era de oro puro y que el orfebre sin duda había intentado engañar al rey.

Si la corona estaba compuesta de latón y plata, sería menos densa que si fuera de oro puro. Pero, ¿cómo pudo Arquímedes medir su densidad?

En los baños públicos, Arquímedes se dio cuenta de que la cantidad de agua que rebosaba de la bañera dependía del volumen de la parte de su cuerpo que introdujera. Dijo entonces: Eureka ("¡Lo encontré!" o "¡Ya lo tengo!").

De joven, Arquímedes viajó de Siracusa a Alejandría y quedó maravillado al ver el gigantesco faro que indicaba la entrada a la ciudad, una de las más activas y se había convertido en un centro clave para el conocimiento en el mundo antiguo.

El tornillo de Arquímedes es un gran tornillo colocado dentro de un cilindro. Cuando se gira su manivela, se puede subir agua desde un río hasta la orilla.

Arquímedes nació en la ciudad de Siracusa, en la isla de Sicilia. En su adolescencia fue a estudiar a Alejandría, en Egipto, donde se encontraba la biblioteca más grande del mundo. Allí leyó las obras de los grandes matemáticos, como Euclides, y asistió a las clases de su profesor y posterior amigo, Conón de Samos. Fue en Egipto donde crearía su primera gran invención, el *Tornillo de Arquímedes*, al ver los apuros que pasaban los trabajadores para sacar agua del río Nilo.

Arquímedes volvió a Siracusa, donde pasaría el resto de su vida, y se dedicó de pleno a las Matemáticas y a la invención.

El Rey Hierón II le pidió que diseñara uno de los barcos más grandes del mundo antiguo. Se cuenta que el Siracusia tenía 55 m de eslora y una capacidad para 600 personas. Sin embargo, resultó que era incluso demasiado grande para ser botado. No obstante, Arquímedes tenía la solución. Había experimentado con palancas y poleas que permitían que unos pocos hombres pudieran elevar mucho peso sin demasiado esfuerzo. Como Arquímedes presumía del poder de sus palancas, Hierón II le pidió que lo demostrara botando un barco de su flota.

Desde una amplia distancia, Arquímedes botó el barco él solo, tirando de una cuerda que corría por un complejo sistema de poleas. Entonces, el rey dijo: "De ahora en adelante, se considerará verdadero todo lo que Arquímedes diga".

Como matemático, Arquímedes era más avanzado que cualquier otro erudito de su época. Escribió sobre todos los aspectos de las Matemáticas, en especial de Geometría, en la que hizo grandes avances. Resolvió la manera de medir círculos usando fórmulas, y estableció un valor preciso del número pi (π). Su excelente tratado *Sobre la esfera y el cilindro* mostraba cómo medir el volumen y la superficie de una esfera. Y explicaba la relación entre un cilindro y una esfera de la misma altura y diámetro.

Arquímedes trabajaba durante días sin bañarse, ni comer o siquiera beber. Sus sirvientes lo lavaban mientras él proseguía escribiendo teoremas y dibujando diagramas.

Alrededor de 60 naves romanas atacaron la ciudad de Siracusa, pero no fueron rivales para las gigantescas grúas que Arquímedes había inventado: eran unas "garras" de hierro temibles que bajaban desde los muros de la ciudad y enganchaban a los barcos. Después, las cadenas, tiradas por un sistema de poleas, elevaban estos garfios y hacían volcar las galeras en medio del mar.

El Rey Hierón II murió en el 215 a. C. Durante el reinado de su sucesor Jerónimo, Siracusa fue asediada por un contingente romano dirigido por Marco Claudio Marcelo, que contaba con unos 15.000 soldados y 60 galeras de guerra. Marcelo atacó por mar y tierra, pero se llevaría un duro golpe, pues Arquímedes, a pesar de haber cumplido ya setenta años, había diseñado novedosas defensas para la ciudad. Sus catapultas disparaban rocas y dardos de hierro a las naves romanas. Pero lo que aún sería peor para ellos fue la llamada *Garra de Arquímedes*, una grúa gigante que hacía que los barcos volcaran al acercarse a las murallas de la ciudad.

Los inventos de Arquímedes desempeñaron un papel destacado en la defensa contra los romanos. Marcelo se vio forzado a levantar el sitio, pero en el 212 a. C., consiguió tomar el control de la ciudad. Durante el saqueo, Marcelo ordenó a sus soldados que perdonaran al matemático, pero no le hicieron caso. Uno de los más grandes inventores y pensadores del mundo antiguo moriría bajo el acero de una espada romana.

NEXO VITAL

Galileo estudió con interés las obras de Arquímedes. También inventó un método para elevar agua como él. Su libro *La Billancetta* ("La balancita") describe cómo aplicar los métodos de Arquímedes para estudiar las densidades de los objetos con una balanza. Galileo llamaba al antiguo griego "el superhombre *Arquímedes, cuyo nombre nunca puedo mencionar sin sentir una gran admiración*".

Los testimonios sobre la muerte de Arquímedes difieren. Hay quien asegura que fue asesinado por un legionario romano porque no dejaba de dibujar diagramas en la arena. Marcelo lloró su muerte, e hizo que lo enterraran con los mayores honores.

Galileo Galilei

Roma, año 1633. Galileo está preso procesado por la Santa Inquisición. Las largas semanas de interrogatorios lo han dejado destrozado y con los nervios a flor de piel. La Inquisición investigaba a todos aquellos de los que se sospechara que estaban en contra de la Iglesia Católica, y muchas de sus víctimas eran torturadas con métodos terroríficos. Galileo Galilei se libraba de un destino tal... por el momento.

Galileo nació en la ciudad italiana de Pisa en el año 1564, fue el primero de siete hermanos. De pequeño estudió griego, dibujo y música. Al cumplir los quince años, tras cuatro de estudios monásticos, aseguró que quería ser monje. Sin embargo, su padre, Vicenzio Galilei, se opuso, quería obligarlo a ser mercader textil. Finalmente, con diecisiete años, se matriculó como estudiante de Medicina en la Universidad de Pisa.

En la cárcel, Galileo conoció los métodos de tortura de la Inquisición. A algunos presos los dejaban colgados, y a otros les metían puntas de metal al rojo vivo bajo las uñas.

Tanto Galileo como su padre, que era un profesional tocando el laúd, fueron grandes pensadores. A menudo debatían, o incluso discutían, entre sí.

En 1583, Galileo investigó los péndulos. Con ayuda de su pulso, midió el tiempo de los balanceos de una lámpara de la catedral de Pisa. Cada movimiento, ya fuera largo o corto, parecía durar exactamente el mismo tiempo.

Galileo perdió interés por sus estudios de Medicina en Pisa. En cambio, empezaron a apasionarle las Ciencias y las Matemáticas, sobre todo, las obras de los antiguos griegos, como Aristóteles, Arquímedes y Euclides. Sin embargo, su pasión no le impidió cuestionar algunas de sus conclusiones, y esto lo hizo impopular entre sus profesores.

Galileo abandonó la universidad sin obtener ningún diploma, se fue a Florencia y malvivió durante cuatro años dando clases particulares. Allí también desarrolló su amor por las Matemáticas y por la experimentación. A los 22 años, escribió *La balancita*, un libro sobre cómo pesar pequeñas cantidades de un material con precisión. Más tarde, inventaría una balanza hidrostática, que podía medir pesos tanto en aire como en agua.

En 1588, Galileo aceptó un puesto de profesor de Matemáticas en la Universidad de Pisa. Como ya hiciera antes, desafió las enseñanzas de otros profesores y las de los antiguos. Aristóteles creía que un objeto más pesado caía más rápido que uno ligero. Galileo subió hasta la torre de Pisa para probar que el griego estaba equivocado.

Galileo lanzó dos balas de cañón de distinto calibre desde lo alto de la Torre de Pisa y ambas cayeron a la misma velocidad, refutando así la teoría de Aristóteles.

La clave del éxito del telescopio de Galileo fueron las lentes que contenía. Durante el invierno de 1609, pulió multitud de lentes para conseguir cada vez mayores aumentos.

En 1597, Galileo inventó la brújula militar geométrica, para apuntar con precisión con los cañones, y contrató a un constructor para fabricar más unidades para su venta.

La puesta en duda de la Naturaleza y sus nuevas teorías científicas trajeron a Galileo muchos problemas en Pisa, por lo que se vio obligado a marcharse en 1592. Se mudó a Padua para ser profesor de Matemáticas en la universidad. Allí, sus ideas fueron mejor aceptadas, y esto lo hizo quedarse durante 18 largos años. Pronto inventaría allí una bomba para extraer agua y, algo después, la brújula militar geométrica. En Padua conoció a Marina Gambina con la que, aunque nunca se casó, tuvo tres hijos: Virginio, Livia y Vicenzio. Los ingresos de Galileo aumentaron en esta época, gracias a su nuevo trabajo, y esto le ayudó a financiar sus experimentos. Cada céntimo era importante ahora que su padre había muerto y era cabeza de familia.

Galileo hacía demostraciones de su telescopio desde lo alto de los campanarios de Venecia. Los dignatarios locales podían ver barcos acercándose varias horas antes de lo que lo hacían normalmente.

La vida de Galileo cambió en 1609, cuando llegaron a Padua noticias de un nuevo invento desde los Países Bajos: era el telescopio. Galileo, que pudo haber visto una de las primeras versiones o bien dedujo los principios del telescopio por su propia cuenta, empezó a hacer lentes y a construir sus propios telescopios. El primero que hizo aumentaba tres veces la visión, pero el que presentó en el estado de Venecia, ofrecía nueve aumentos.

Los telescopios de Galileo eran mucho más potentes que los que inicialmente se inventaron en los Países Bajos, y él fue el primero que empezó a usarlos como un instrumento científico. En el invierno de 1609, puso a punto su telescopio para observar el firmamento, y se quedó sobrecogido con lo que pudo ver: ¡los cráteres de la Luna! Ya en 1610, Galileo pudo observar la apariencia de Venus durante las distintas fases de su viaje alrededor de la Tierra, y quedó maravillado al descubrir que había cuatro lunas orbitando en torno a Júpiter. Dejó constancia de todos estos descubrimientos y algunos más en un pequeño pero exitoso libro El *mensajero sideral*, y dio muchas charlas al respecto.

Se creía que la Luna era totalmente lisa, pero Galileo pudo ver sus cráteres y montañas con el telescopio. Hizo dibujos de ello para su libro *Siderus Nuncius* o *El mensajero sideral*.

Galileo dio muchas charlas e hizo demostraciones de su hipótesis sobre la orbitación terrestre alrededor del Sol y en contra de la teoría contraria. Estas exposiciones no pasaron desapercibidas, sobre todo para los representantes de la Iglesia, y se ganó con ellas muchos enemigos.

En el año 1610, Galileo se trasladó a Florencia para convertirse en el matemático de la corte de la poderosa familia Medici. Mientras su fama seguía extendiéndose por toda Italia, él continuó trabajando, y descubrió manchas en el Sol y anillos en torno a Saturno. Muchas preguntas rondaban su mente. La visión del cosmos aceptada por la Iglesia era la que había ofrecido Aristóteles hacía ya casi 2000 años, según la cual, todo giraba alrededor de la Tierra. Un astrónomo polaco, Nicolás Copérnico, había cuestionado esta visión en torno al año 1500, y el trabajo de Galileo apoyaba la idea de Copérnico quien sostenía que la Tierra giraba alrededor del Sol.

Galileo pensó que podría convencer a la Iglesia Católica para que abandonara sus anticuadas posturas. El papa Paulo V no cambió de opinión, y además, ordenó que se investigase a Galileo. En 1616, se declaró que la Tierra era el centro del Universo, y que quien pensase lo contrario, cometía un serio delito contra la Iglesia. Además, se obligó a Galileo a retractarse de sus palabras. Sin embargo, en 1624, la llegada de un nuevo papa permitió a Galileo ir a Roma a exponer sus teorías. Urbano VIII le autorizó a que escribiera un libro sobre el sistema copernicano, pero debía darle la misma importancia a la visión según la cual el Universo orbitaba alrededor de la Tierra. Sin embargo, el *Diálogo sobre los dos máximos sistemas del mundo: ptolemaico y copernicano*, estaba lejos de ser una obra imparcial. El papa se puso furioso, y ordenó en 1633 que Galileo volviese a Roma para ser juzgado por sus creencias. Se le declaró culpable, y fue sentenciado a cadena perpetua. Posteriormente, se le permitió volver a la villa que tenía cerca de Florencia, pero bajo arresto domiciliario para el resto de su vida.

Cuando Galileo acudió a la cita con el papa Urbano VIII, tenía la esperanza de que el nuevo líder de la Iglesia aceptase sus ideas, pues este se había referido a él como "el ilustre Galileo".

Galileo defendió sus teorías ante la Inquisición hasta tres veces en junio de 1633. Al presentarse este juicio, era ya un anciano de 69 años aquejado de artritis y con mala salud general.

A Galileo se le prohibió la publicación de obras científicas. A pesar de eso, desafió a la Iglesia y volvió a sus trabajos. La vista comenzaba a fallarle, aún pudo publicar una obra muy influyente llamada *Diálogos acerca de dos nuevas ciencias*. Sus amigos tuvieron que sacar el manuscrito a escondidas de su casa y llevarlo fuera de Italia, para que pudiera ser por fin publicado en los Países Bajos. En él se estudiaba y analizaba cómo se mueven los objetos y las fuerzas que influyen en ellos para deformarlos o expandirlos. Esta obra fue tan revolucionaria como sus avances en Astronomía, y con ella comenzaría una nueva y rica era para la Física. Galileo se quedó completamente ciego en 1638, y tenía que valerse de sus asistentes para que cuidaran de él. Su hijo Vicenzio permaneció a su lado durante su último año de vida. Confinado a la cama con fiebres y aquejado del riñón, Galileo murió en enero de 1642.

Vicenzio ayudó a su padre a retomar las ideas sobre péndulos que desarrollara en su juventud. Juntos investigaron el modo de usar un péndulo para construir un reloj.

Confinado en su villa, Galileo cayó en una profunda depresión, que se agudizó al conocer la noticia de la muerte de su hija. Durante algún tiempo, ignoró todos los equipos científicos que la Iglesia le había permitido conservar.

NEXO VITAL
El trabajo de Galileo con las lentes le permitió construir potentes telescopios con los que revolucionó la Astronomía y nuestra visión del Universo. En 1760, Benjamín Franklin también trabajó con lentes. Uniendo algunas de diferentes potencias, creó las gafas bifocales.

Benjamín Franklin

Con apenas diez años, mientras desespumaba la capa de suciedad del caldero de grasa hirviendo de su padre, Ben Franklin soñaba con hacer algo más interesante que jabones o velas. Algún día llegaría a ser uno de los más grandes héroes de Norteamérica, convirtiéndose en un gran científico, inventor, y uno de los políticos que ayudaría a redactar la Declaración de Independencia que liberaría al pueblo norteamericano del dominio británico. Sin embargo y de momento, seguía bajo el estricto control de su padre.

Benjamín fue el decimoquinto y último hijo de Josiah Franklin, que había emigrado desde Inglaterra a las Américas en 1683. Los Franklin eran muy trabajadores, pero pobres, y la vida en aquella casa repleta de gente era muy dura. Ben pensó muchas veces en escapar corriendo hacia el mar. Era un gran nadador y ya había construido su primer invento, unas tablillas en forma de aleta para nadar más rápido. En cambio, su padre lo entregó como aprendiz cuando tenía 12 años a su hermano James, que era impresor. Dominó el trabajo de impresión con rapidez y, cuando podía, leía los libros impresos. Sin embargo, trabajar para James no era nada fácil. Sentía envidia de la inteligencia de su hermano pequeño y a veces le pegaba.

A los diecisiete años, Ben huyó hacia Nueva York, y de allí a Filadelfia, donde trabajó como asistente de impresión. Con los años, llegó a montar su propio negocio de impresión, abrió una papelería en 1728 y un periódico, *La Gaceta de Pensilvania*, al año siguiente. Pero Franklin no era un simple hombre de negocios. Se preocupaba por su comunidad y con once amigos suyos formó la "Junto", un club que se reunía una vez por semana para debatir distintos modos de mejorar Filadelfia.

Benjamin abandonó la escuela con solo diez años. Empezó a trabajar para su padre haciendo velas en la pequeña casa familiar de Milk Street, en Boston.

Franklin fundó la *Union Fire Company*, el primer cuerpo de bomberos de Filadelfia. Estaba compuesto por voluntarios que acudían con hachas y cubos de agua a apagar cualquier fuego.

En 1736, Franklin y cuatro amigos organizaron una brigada de bomberos voluntarios para la ciudad. Algunos años después, al ser consciente de los riesgos de incendio que podía producirse en cualquier hogar, Franklin ideó un nuevo tipo de chimeneas. Como hiciera con todas sus invenciones, decidió no patentarla, lo que habría significado que legalmente ese invento le pertenecía y le habría reportado una gran fortuna. En su autobiografía explicó: "Del mismo modo que nos beneficiamos de las ventajas que nos proporciona lo que otros han inventado, deberíamos estar agradecidos de tener la oportunidad de servir a los demás con cualquier cosa que nosotros inventemos, y esto deberíamos hacerlo gratuitamente y con generosidad".

Franklin escribía artículos en secreto para el periódico de su hermano, *The New England Courant*, firmándolos con seudónimos irónicos como *Mrs. Silence Dogood*, algo así como "Entrometido silencioso".

La chimenea-estufa de Franklin desprendía más calor, generaba menos humo, y tenía menos posibilidades de provocar incendios.

A los 42 años, Franklin dejó la impresión, con una cuantiosa fortuna que le permitió dedicar más tiempo a su comunidad y a inventar. En 1731, su club, "el Junto", fundó la primera biblioteca pública de Norteamérica, con el nombre de Biblioteca de Filadelfia. Años más tarde, donaría a esta biblioteca el objeto que daría lugar a una de sus obras científicas más famosas, un tubo de cristal utilizado para experimentar con la electricidad estática. Franklin descubrió que la electricidad fluye, y que tiene cargas positivas y negativas. Además, experimentó con baterías eléctricas y con motores. Sus investigaciones introdujeron conceptos con los que aún se trabaja hoy en día, como *conductor, carga positiva y negativa o batería*. Sobre sus experimentos con la electricidad, llegó a escribir lo siguiente: "Mi atención y mi tiempo nunca estuvieron tan dedicados por completo a estudio alguno".

Uno de sus experimentos más famosos tuvo que ver con los rayos. Franklin tenía interés en su corriente eléctrica, pues había podido ver cómo un rayo al caer incendiaba una casa. Inventó una vara afilada de metal que debía situarse en lo alto de un edificio y que servía para conducir la corriente eléctrica de los rayos hacia el suelo.

Algunos años más tarde, Franklin se introdujo más en la vida política. Estaba convencido de que las colonias norteamericanas debían unirse para resistir las amenazas de ataque de los franceses y de sus aliados, los nativos americanos. Cuando en 1757 se mudó a Inglaterra, se convenció aún más de que las colonias debían pedir la independencia del Imperio británico que las había fundado.

Franklin siguió inventando durante su estancia en Inglaterra. Solía decir que su armónica, un instrumento musical, era la que más placer le daba de todas sus invenciones. Esta contaba con unos platillos de cristal que debían tocarse con los dedos mojados, como los bordes de las copas de vino. Los platillos producían unos sonidos que Franklin describía como "incomparablemente dulces".

Posiblemente fuera **William**, el mayor de los hijos de Franklin, de 21 años, quien lo ayudó a realizar su famoso experimento de 1752. Hicieron una cometa con un pañuelo de seda y la ataron con un cable pelado que debía atraer los rayos. La carga eléctrica descendió haciendo chispas alrededor del cable hasta una llave de metal. Franklin almacenó la electricidad recogida en un recipiente llamado *botella de Leyden*.

En 1754, Franklin publicó en *La Gaceta de Pensilvania* la primera viñeta política aparecida en Norteamérica. Era un dibujo de una serpiente dividida en partes que representaban las diferentes colonias norteamericanas, que a su entender debían unirse para sobrevivir. Por eso, abajo ponía "Unión o muerte".

NIÓN O MUERTE

Franklin presentó su armónica en 1762, en Londres, en un concierto interpretado por Marianne Davies. Tanto Mozart como Beethoven compondrían piezas para este instrumento.

La curiosidad que Franklin sentía por el mundo y por cómo aprovecharlo para mejorar la vida de la gente, no tuvo límites. Así, propuso el horario de verano o cartografiar la Corriente del Golfo y sus tormentas, para que los barcos que navegaban de América a Europa tardaran menos en su trayecto. Cuando se dio cuenta de que necesitaba gafas distintas para ver de lejos y para leer, inventó las lentes bifocales, que integraban media lente para cada necesidad.

Al volver a América, se convertiría en uno de los políticos más respetados. Uno de sus mayores éxitos fue la reforma del servicio postal. Para ello, inventó un odómetro, un aparato que le permitió calcular con precisión las distancias y así recolocar las oficinas de correos de un modo más eficiente.

Junto con Thomas Jefferson, Franklin fue uno de los comisionados que redactaron la Declaración de Independencia en 1776, en la que se exponía la intención de liberarse del dominio británico.

El odómetro era un pequeño aparato que se colocaba en la rueda de un carruaje y que contaba el número de vueltas que daba durante un viaje.

U.S. MAIL U.S. MAIL

En 1776, volvió a atravesar el Atlántico en dirección a Francia, donde permanecería como embajador de los Estados Unidos durante ocho años. Buena parte de la alta sociedad francesa estaba impresionada con su ingenio y su energía. A su vez, Franklin, disfrutaba de la compañía de los grandes escritores y científicos galos, e intentaba ganar el apoyo francés para los Estados Unidos en su lucha por la independencia contra el dominio británico. En 1783, Franklin firmó el Tratado de París, que daba por terminada oficialmente la revolución norteamericana, y que reconocía a los Estados Unidos de América como una nación independiente.

Mientras estaba en París en 1783, Franklin pudo presenciar uno de los primeros vuelos tripulados en globo.

Franklin construyó una silla especial para su biblioteca personal. El asiento era abatible y al girarlo se convertía en una pequeña escalera.

Al volver a Estados Unidos, se le recibió con honores de héroe, y se le enviaron multitud de cartas de enhorabuena. A pesar de tener ya casi ochenta años, siguió muy activo; tomó parte en la redacción de la Constitución de los Estados Unidos y se declaró en contra de la esclavitud. También pudo disfrutar de pasar temporadas en su casa, en Filadelfia, donde contaba con una enorme biblioteca. Para ella inventó un brazo mecánico que le permitiese alcanzar los libros más altos. Franklin seguía definiéndose a sí mismo como impresor, a pesar de sus grandes éxitos como político, diplomático, escritor, editor e inventor. Fue, en definitiva, un hombre modesto que solía decir: *"La pregunta más noble del mundo es: ¿Qué puedo hacer yo por él?"*.

NEXO VITAL

Franklin conoció al socio de James Watt, Matthew Boulton, en Inglaterra en 1759. Este se hizo miembro de la "Sociedad Lunar", un grupo de reputados científicos británicos entre los que se contaban Joseph Priestley, Boulton y Watt. Cuando Franklin tuvo noticias de la nueva máquina copiadora de Watt, encargó tres de ellas y le regaló una a Thomas Jefferson.

James Watt

Glasgow, 1765. James Watt pasea por un parque mientras reflexiona sobre el motor de vapor de Newcomen que había reparado hacía algunos años. El motor estaba diseñado para bombear agua, pero resultaba muy ineficaz. El vapor tenía que enfriarse y recalentarse en el mismo cilindro, operación que tardaba bastante tiempo y gastaba mucho combustible. De repente, el escocés tuvo una idea. ¿Y si sacara el vapor del cilindro y lo condensara y enfriara en un espacio distinto? El motor podría trabajar constantemente en lugar de tener que esperar a que se terminase todo el proceso con cada golpe de pistón.

Al día siguiente, en su taller, experimentó con un inyector de latón para confirmar que su idea podía funcionar. Pero Watt tardaría aún muchos años en poder perfeccionarla y construir la que sería la máquina de vapor más avanzada del mundo.

Incluso antes de que pudiera ver el modelo de Thomas Newcomen, Watt tenía interés en el vapor como fuente de energía. Llegó a aprender otros idiomas para poder entender lo que habían escrito los inventores alemanes, franceses o italianos sobre el tema.

Tras un tiempo de trabajar en Glasgow como aprendiz haciendo instrumental, Watt se mudó a Londres con 18 años. Allí trabajó para un latonero que hacía reglas, brújulas y escuadras.

James Watt nació en Greenock en Escocia. Fue un niño enfermizo y esto hizo que no pudiera ir a la escuela hasta los diez años. Su padre lo educó en la casa y le regaló una caja de herramientas para niños. Pronto el joven James demostraría grandes dotes en el taller. Algunos de los empleados de su padre decían impresionados que "las manos de Jaime valían su peso en oro".

John Roebuck enseñó a James Watt su central metalúrgica, la Carron Company, que estaba cerca de Falkrik, en Escocia, y le dijo al joven inventor que necesitaba máquinas potentes para extraer el agua de sus minas de carbón, pues estaban a punto de inundarse.

En 1760, Watt abrió su propio taller en Glasgow. La Universidad lo contrataba para reparar de todo, desde instrumental astronómico hasta gaitas. Fue a este taller al que llegó la máquina de vapor de Newcomen en 1763.

Con la financiación de un metalúrgico escocés, el doctor John Roebuck, Watt empezó a construir su propia máquina de vapor a tamaño real para la empresa de Roebuck. Pero los ingenieros de Roebuck carecían de la pericia necesaria para fabricar algunas de las piezas, y el negocio cayó en bancarrota en 1772.

Watt necesitaba más dinero, así que se hizo topógrafo en 1762 y trazó rutas para nuevos canales navegables en Escocia. Durante esta época, diseñó un aparato para propulsar mejor las barcas, una especie de remo en espiral. Este invento es un claro antecedente de la hélice.

En la gigantesca factoría de Matthew Boulton, la Soho Works, se construyeron cientos de máquinas de vapor que hicieron ricos a Watt y a Boulton.

Los primeros motores de la fábrica se utilizaron para bombear minas, principalmente en Cornualles. Watt pasó mucho tiempo en la zona supervisando la instalación.

En 1775, Watt se asoció con Matthew Boulton, el propietario de una gran fábrica en Birmingham. La relación entre ambos se tornó muy fructífera. En ese mismo año, Watt patentó sus últimos diseños y avances de la máquina de vapor, protegiendo así su invento durante 25 años. Lo cierto es que Watt y Boulton estuvieron tan atentos a que nadie fabricara algo similar, que retardaron el desarrollo industrial de Gran Bretaña. Boulton, que también era un gran ingeniero, le pidió a Watt que diseñara una máquina que pudiera hacer un movimiento circular para poder moler y tejer. Y Watt no tardó. En 1781 inventó un sistema de engranajes planetario, que usaba ruedas dentadas para convertir el movimiento ascendente y descendente en movimiento giratorio. Más tarde, Watt inventaría un motor de doble acción que generaba energía tanto en la subida como en la bajada del pistón; es decir, duplicó el poder de los motores.

Watt se retiró en 1800, el mismo año en que la mayoría de sus patentes expiraban. Por aquel entonces, muchas fábricas usaban su máquina de vapor. Entre ellas, 84 desfibradoras de algodón. Ya era un hombre rico, le cedió su parte del negocio a su hijo James Watt Junior, se fue de viaje con su mujer y se compró una casa de campo en Gales. Sin embargo, siguió jugueteando con la maquinaria en su taller, e intentó desarrollar una máquina copiadora de esculturas para sus amigos.

Antes de morir en 1819, Watt pudo contemplar el fuerte cambio provocado por las máquinas de vapor en la industria. Fueron sus mejoras las que marcaron el comienzo de la revolución industrial. El mundo no volvería a ser el mismo.

Watt inventó un rudimentario modelo de fotocopiadora para facilitar el papeleo en la Soho Works. Las cartas se escribían con una tinta especial y se hacían pasar por un rodillo para copiar la tinta en otro papel humedecido.

En 1788, Watt desarrolló el *regulador centrífugo*, para que los motores mantuvieran una velocidad constante. Cuando el motor se aceleraba, dos bolas de acero giraban y se elevaban por fuerza centrífuga, haciendo que se cerrase la válvula de vapor y que se redujera la velocidad.

La curiosidad de Watt iba más allá de sus motores. Realizó experimentos con gases junto al famoso científico Joseph Priestley, que era miembro de la Sociedad Lunar, un grupo de científicos, filósofos e intelectuales.

NEXO VITAL

Los aportes de Watt a la tecnología de los motores de vapor aceleraron la llegada de los nuevos medios de transporte, como el ferrocarril. Isambard Kingdom Brunel construiría muchas de estas líneas. El hijo de Watt colaboraría con los estadounidenses a construir sus barcos de vapor, allanando el camino de Brunel en la construcción de sus maravillosos transatlánticos.

Isambard Kingdom Brunel

Enero de 1827. Isambard Kingdom Brunel excavaba con dos de sus mejores mineros un túnel bajo el río Támesis, en Londres, cuando sucedió lo peor. El agua lo inundó todo, y una ola gigante derribó el túnel. Dos años atrás, el joven ingeniero se encontraba orgulloso junto a su padre, Marc, quien había puesto la primera piedra para la construcción del primer túnel del mundo que se cavaría bajo un río importante. Ahora, el río contraatacaba. Brunel quedó inconsciente y fue arrastrado a lo largo del túnel...

> Murieron seis hombres cuando se inundó el túnel del Támesis. Brunel resultó herido por una enorme ola, pero un trabajador lo puso a salvo antes de que fuera arrastrado al río.

> Brunel y sus trabajadores descendían a menudo al río en una campana subacuática para inspeccionar algunas partes del túnel.

El padre de Brunel era uno de los mejores ingenieros de Europa, y Brunel creció aprendiendo Geometría y dibujo libre. Con 14 años, lo enviaron a Francia para que estudiara en el centro Caen, un baluarte de la Matemática. En París, aprendió del diseñador de instrumentos mecánicos más famoso, Loius Breguet. Brunel tenía apenas 20 años cuando su padre lo nombró Ingeniero Residente del ambicioso proyecto de construcción de un túnel bajo el Támesis, en Londres.

Muy entusiasta, el joven Isambard era a menudo duro con el personal de más edad; y no era raro verlo caminar entre el fango o abriendo zanjas entre aguas residuales. Pronto Brunel comenzó a desarrollar sus propios proyectos. Construyó muelles flotantes en Bristol y se le propuso construir una vía de tren entre Londres y esta ciudad. En esa época, Bristol era un puerto próspero al que llegaban bienes de América y desde donde partían grandes barcos. En 1833, tras un duro trabajo, fue nombrado Ingeniero Jefe de la línea, la Gran Línea Ferroviaria del Oeste. Tan solo tenía 27 años.

Isambard y Marc Brunel celebraron el primer banquete subacuático del mundo en su túnel del Támesis en 1827. El túnel se completó finalmente en 1843. Se sigue utilizando en la actualidad y, todos los años lo recorren 14 millones de personas en vagones del metro.

Brunel conoció a Mary Horsley, su futura esposa, en 1832. Se dice que la entretuvo con muestras de magia mientras el famoso compositor Felix Mendelssohn tocaba el piano.

Brunel sondeó con sus propios ojos todos los kilómetros de la Gran Línea Ferroviaria del Oeste, recorriendo a caballo los diferentes lugares. Incluso se diseñó un despacho móvil, era en un carruaje con espacio para una cama y una especie de mesa de diseño.

Brunel se dedicó en cuerpo y alma a la labor. La oposición a la línea ferroviaria, la más larga de Gran Bretaña, era mayoritaria, pero él visitó a cada propietario de la ruta para tranquilizarles. Reunió asimismo a trabajadores, equipos y materiales, intentó recaudar dinero, y pidió el apoyo del Parlamento. Se trataba de una gran operación. Todo el proyecto iba a costar 2,5 millones de libras, una enorme cantidad para la época. Al final, como muchos de sus proyectos, terminaría costando tres veces más.

En uno de los primeros viajes del *SS Great Western* se produjo un incendio en la sala de máquinas. Cuando Brunel acudió a ayudar, se cayó de una escalera y perdió el conocimiento. Casi muere.

Tras el éxito de la primera parte de la línea ferroviaria, que se inauguró en 1838, Brunel construyó más de 2.500 km de vía y así muchas estaciones.

Los trenes de vapor de la época funcionaban con dificultad si las vías no estaban a nivel, y Brunel tuvo que diseñar y construir un gran número de puentes, viaductos y túneles. El mayor de todos fue el túnel a través de la caliza de Box Hill, entre Swindon y Bath. Cuando se terminó en 1841, tenía casi 3 km de longitud, se convirtió en el túnel de tren más largo del mundo.

Pronto, Brunel se sintió atraído por otra forma de transporte. Pensando que el vapor podía seguir explotándose, construyó un gran barco de vapor que conectaría la estación de Bristol con las rutas atlánticas. El *SS Great Western* llevó a cabo su viaje inaugural a Nueva York en 1838. Batió el récord mundial de tiempo en un viaje por mar a través del Atlántico, 15 días y 12 horas, y ofreció el primer servicio regular de barcos de vapor en cruzar el océano.

El *SS Great Western* contaba con dos enormes motores de vapor que hacían girar su gran pala parecida a una rueda de agua.

Brunel estuvo a punto de morir cuando una moneda se le quedó atragantada mientras hacía un truco de magia. Lo ataron a una mesa que sacudieron hasta que expulsó la moneda.

El *SS Great Britain*, con su casco de hierro, podía transportar 252 pasajeros, 130 miembros de tripulación y más de 1.000 toneladas de carga. Sus motores pesaban más de 300 toneladas.

Apenas habían pasado seis meses, y el aún mayor y mejor *SS Great Britain* ya estaba a flote. Se trataba del primer buque transoceánico que reunía dos características: un casco compuesto completamente de hierro y una hélice de tornillo (parecido al de Arquímedes) para que funcionara. Disponía también de unas jarcias innovadoras, fabricadas con cables de hierro en lugar de con cuerdas. Con sus 98 metros de eslora, era 26 metros mayor que el *SS Great Western*. Cuando comenzó a funcionar en 1843, era el barco más grande del mundo.

El *SS Great Britain* tendría una vida ajetreada, comenzó siendo un lujoso transatlántico antes de transportar oleadas de pobladores a Australia. Durante la Guerra de Crimea en torno al 1850, sirvió también como barco para las tropas y, luego, como carbonero. Finalmente, se hundiría y quedaría abandonado en las Islas Malvinas alrededor de 1930.

Brunel atendió las peticiones de ayuda de Florence Nightingale durante la Guerra de Crimea. Diseñó y envió unos hospitales prefabricados.

La tensión sufrida por trabajar entre 18 y 20 horas al día en proyectos que no siempre salían bien, posiblemente acelerara la muerte de Brunel. También contribuyó su costumbre de fumar un mínimo de 30 puros diarios.

Brunel hizo lo que pudo para apoyar el esfuerzo bélico de Crimea, que hoy forma parte de Ucrania, en la costa del mar Negro. Diseñó una barcaza blindada, y una serie de innovadores edificios prefabricados que darían cabida hasta a 2.200 camas. A pesar de que Brunel se había casado con Mary Horsley en 1836 y de que tenían tres hijos, eran tantas sus ganas de trabajar, que apenas estaba en casa. Sin embargo, sus ideas no siempre tenían éxito. Estableció una vía "atmosférica" en el suroeste de Inglaterra. Los trenes funcionaban con presión, pero las ratas se comieron las aletas de piel que sellaban los tubos de vacío, y la ruta se cerró pasado un año.

El *SS Greast Eastern*, el último barco de Brunel y el más grande, tampoco supuso un éxito comercial. Comenzó a trabajar en él, en 1852, con un boceto de un barco diseñado para viajar a la India y a Australia que transportaba todo el combustible necesario para la travesía. El barco tenía sorprendentemente 212 metros de eslora, y funcionaba gracias a cinco motores a vapor que accionaban dos ruedas de 17 metros de altura. Para muchos, resultaba difícil creer que podía transportar hasta 4.000 personas.

El primer intento de introducir al monstruoso *SS Great Eastern* al Támesis fue un desastre. Un torno y varias cadenas se rompieron, lo que provocó la muerte de varios trabajadores.

Los problemas económicos y técnicos siempre estuvieron presentes durante la construcción del *Great Eastern*, y asfixiaban a Brunel. En 1858, se le ordenó que pasara un tiempo de descanso absoluto, aunque su idea de descanso consistió en recorrer los Alpes suizos y trabajar en la planificación de una línea ferroviaria para la India.

En 1859, poco después de que se botara el barco, Brunel sufrió un derrame cerebral y murió pasados 10 días. Sólo tenía 53 años, aunque dejaba un gran legado tras de sí. La valentía, en cuanto a invenciones e ingeniería de Brunel cambió el transporte en la Inglaterra del siglo XIX, además de influir en otras regiones del mundo.

Brunel no vivió para asistir a la inauguración de su majestuoso puente colgante Clifton, sobre el río Avon. Su primer gran diseño estructural lo completarían otros ingenieros, cinco años después de su muerte y a modo de homenaje.

NEXO VITAL

El *SS Great Eastern* alcanzaría la fama en su última etapa. En 1866, el barco tendió el primer cable submarino para telégrafo por el fondo del Océano Atlántico. Como aprendiz de operador de telégrafo, Thomas Alva Edison comenzó su vida laboral en 1863.

Thomas Edison

Michigan, Estados Unidos, 1862. Jimmy Mackenzie, de dos años, caminaba por las vías del tren en la estación de Mount Clemens, totalmente ajeno al peligro que acechaba. Un vagón de mercancías se acercaba al niño a una velocidad creciente. No había ningún empleado que detuviera al tren.

Un vendedor de periódicos adolescente dejó caer la prensa, se abalanzó por el niño, lo agarró y lo desplazo fuera del peligro, salvándolo así justo a tiempo. El padre del pequeño Jimmy, el jefe de estación, quedó enormemente agradecido, y recompensó la valiente acción enseñándole a utilizar el telégrafo de la estación. En unas semanas, el joven Thomas Alva Edison sabía utilizarlo mejor que muchos adultos. Pasados 20 años, sería millonario.

El pequeño Jimmy estaba jugando con unas piedras mientras el vagón se acercaba. Thomas Edison le salvó la vida.

Thomas estableció un "laboratorio" en el tren, pero cuando utilizó fósforo y originó un incendio, tuvo que abandonarlo , junto con su equipo, en la parada siguiente.

Thomas Edison nació en Ohio, y tenía 7 años cuando su familia se mudó a Port Huron, en Michigan. En el colegio era hiperactivo y curioso y esto, junto con su mal oído, hizo que su profesor lo tildara de despistado, o ido. La madre de Thomas comenzó entonces a enseñarle en casa; y pronto desarrolló una gran pasión por la Ciencia, y disfrutaba realizando experimentos en el sótano de su casa. Cuando una línea de ferrocarril unió Port Huron con Detroit, un Thomas de 12 años comenzó a viajar en los trenes, vendiendo dulces, frutas, y un periódico que escribía e imprimía él mismo.

De adolescente, Edison trabajó como telegrafista, vendía sus servicios al mejor postor de Canadá y el norte de Estados Unidos. En 1867, se mudó a Boston, y desarrolló sus primeros inventos, entre los que se incluyen un "matacucarachas" eléctrico y un sistema de recuento de votos automático para las elecciones. Este fue el primer instrumento que patentó, lo que implicaba que nadie más podía copiarlo. Con esto, no obtuvo un beneficio económico pero, posteriormente, Edison se convertiría en un hombre rico, al ser dueño o copartícipe de la sorprendente cifra de 1.093 patentes.

Su primer instrumento de éxito fue la impresora de stock universal, que comunicaba los precios de las acciones. Este y otros inventos relacionados los vendió por una importante suma de dinero: 40.000 dólares. Edison envió parte del dinero a sus padres y, en 1871, abrió su propio taller en Newark, Nueva Jersey. En él inventó una impresora de telégrafos, y un sistema telegráfico *dúplex*, que podía enviar dos mensajes a través de un cable a la vez, en lugar de uno solo.

Una noche, trabajando de telegrafista, Edison tenía que enviar una señal cada media hora. Prefirió dormir y conectó un reloj a la máquina para que la señal se enviara automáticamente. Pronto se dieron cuenta y lo despidieron.

Edison se enamoró de la joven Mary Stilwell, que comenzó a trabajar en la fábrica de Newark. Se casaron el día de Navidad de 1871, cuando Mary tenía 16 años, y Thomas, 24.

Con un ruido de "tic-tac", la impresora universal de Edison era capaz de imprimir una letra o un número cada segundo, en una larga y delgada cinta.

Menlo Park fue el primer laboratorio industrial de investigación y desarrollo de Estados Unidos, y puede que del mundo. Edison trabajaba en él de manera incansable, con lo que llegó a llenar más de 3.000 cuadernos con nuevas ideas.

En 1876, Edison se llevó a Menlo Park su taller de Newark para reducir costos. Su padre le había construido allí un taller y un laboratorio. Edison reunió a un grupo de científicos, ingenieros y técnicos de talento, y esperaba que todos trabajaran tan duro como él. Pronto se demostró que el trabajo merecía el esfuerzo. Escasamente pasaban uno o dos meses sin que se produjera una nueva patente o invento. El primero de ellos vino fomentado por las noticias del teléfono de Alexander Graham Bell, en 1876. El dispositivo de Graham Bell no amplificaba la voz correctamente, y solamente podía utilizarse a distancias muy cortas. Trabajando con pequeñas motas de carbón, Edison creó un transmisor de teléfono que funcionaba mucho mejor para grandes distancias. Se convertiría en la base del micrófono y de los futuros sistemas telefónicos.

El trabajo sobre el teléfono de Edison hizo que le surgiera la idea de grabar mensajes sonoros. Junto con su empleado John Kruesi desarrolló el fonógrafo en 1877. Almacenaba vibraciones de sonido como hendiduras en un papel de aluminio, que podían reproducirse posteriormente. Aunque la calidad del sonido no era buena, sorprendió a todos aquellos que lo escucharon, y el fonógrafo llevó a Edison a la fama. Pasó a ser conocido como "el mago de Menlo Park" y "el inventor de la era".

La fama de Edison creció con su siguiente gran creación. No inventó la primera bombilla eléctrica, pero sí versiones prácticas de la lámpara incandescente, que podían permanecer encendidas durante mucho tiempo, y daban la suficiente luz como para resultar de gran utilidad en casas y edificios.

En 1878, Edison viajó a la Casa Blanca, en Washington, para mostrar su fonógrafo al presidente Rutherford B. Hayes. Le sorprendió tanto escuchar aquella chirriante grabación de una voz, que hizo que su esposa, Lucy, se levantara de la cama a media noche para escucharla.

En 1879, Edison y el ingeniero británico Charles Batchelor crearon un hilo recubierto de carbón que podía brillar en una bombilla durante todo un día. Se consiguió al crear el vacío en la bombilla extrayéndole todo el aire.

Pronto, Menlo Park estaba iluminado por hileras de cables entre los árboles y edificios. Las luces podían verse desde muchos kilómetros de distancia, y desde lejos acudían visitantes para contemplar esta nueva maravilla.

La primera estación eléctrica permanente se abrió en Pearl Street, en Nueva York. Para conectar la estación a todos los edificios que demandaban electricidad, se excavaron las calles y se colocaron cables en antiguas tuberías de gas. En cinco años, había 121 estaciones eléctricas de Edison en Estados Unidos.

En 1882, en la Gran Exhibición del Palacio de Cristal, en Londres, Edison mostró su alumbrado eléctrico, y otros inventos, como la dinamo a vapor y el teléfono a carbón.

Con una gran ambición, el equipo de Edison desarrolló un completo sistema para proveer de electricidad a hogares y oficinas. Edison diseñó un poderoso tipo de dinamo que convertía en electricidad el movimiento, y creó fusibles, circuitos, y otros elementos de los sistemas eléctricos que hoy se consideran imprescindibles. En 1881, su casa fue la primera equipada con un sistema completo de alumbrado eléctrico, y un año más tarde, se estableció en Londres un sistema de alimentación de 2.000 lámparas.

Algunos de los trabajos de Edison no lograron el mismo éxito. Su muñeca parlante fracasó, y su bolígrafo eléctrico, que duplicaba la escritura, se vendió solamente durante un periodo corto de tiempo. Pasó buena parte de la década de 1890 trabajando en nuevos procesos para separar los metales del mineral rocoso; y fue pionero en la construcción de cemento y hormigón.

Edison

Edison, Henry Ford, el fabricante de vehículos, y Harvey Firestone, el productor de neumáticos, a menudo iban juntos de campamento. Un día tuvieron un problema con su coche y apareció un granjero en un Ford T para ayudarlos. Los tres hombres le explicaron que habían inventado o fabricado la mayoría de las partes de su coche.

En la década de 1890, Edison creó la primera máquina reproductora de imágenes en movimiento del mercado, el quinetoscopio. En su interior, había una película rodada con la nueva cámara de Edison. Para hacer películas para los quinetoscopios, Edison construyó el primer estudio cinematográfico de Estados Unidos, y produjo docenas de cortometrajes, incluidos combates de boxeo y escenas de Buffalo Bill.

Edison tomó en 1907 una decisión crucial. Quería dejar el mundo de los negocios y entregarse de pleno a experimentar con nuevas ideas. Sin embargo, continuó trabajando tan duro como antes. Durante la Primera Guerra Mundial (1914-1918), estaba a cargo de la revisión de las invenciones para la marina estadounidense, y, tras años de investigación, desarrolló unas eficientes pilas alcalinas que podían emplearse en vehículos y submarinos.

Cuando Edison murió, en 1931, la gente bajó la intensidad de las luces en Estados Unidos, y la antorcha de la Estatua de la Libertad se apagó. Se rendía así tributo a un inventor extraordinario y trabajador infatigable, que afirmó que "la genialidad se alcanza con un uno por ciento de inspiración y un noventa y nueve por ciento de esfuerzo".

El predecesor del proyector cinematográfico moderno, el quinetoscopio de Edison, contenía una banda continua de unos 15 m de película. Una de las primeras películas, que aun se conserva, muestra cómo estornuda un empleado de Edison, Fred Ott.

NEXO VITAL

Nikola Tesla trabajó para Edison y rediseñó su a veces fallido generador eléctrico de corriente continua. Sin embargo, Edison rechazó las ideas de Tesla sobre corriente alterna. Este recibió el más prestigioso premio de ingeniería eléctrica de Estados Unidos en 1917, que se llamaba, irónicamente, la Medalla Edison.

Nikola Tesla

El hombre que revolucionaría la utilización de la electricidad nacía justo cuando la corriente eléctrica envolvía por primera vez su pueblo natal de Smiljan, en Croacia. Nikola Tesla tuvo una infancia feliz, pero según fue creciendo, esto cambió. Tras la muerte de su hermano, comenzó a distanciarse de la gente, prefería leer, escribir poemas, estudiar la naturaleza, y construir pequeños inventos, como pequeñas ruedas de agua.

En 1870, con 14 años, Nikola dejó su hogar para estudiar en una escuela de Karlstadt, donde completó cuatro cursos en tres años. Convenció a su padre para no formarse como sacerdote e ir a estudiar a Graz. Allí, Tesla vio una demostración de un generador eléctrico de corriente continua, y su mente comenzó a tramar modos para mejorarlo. Tesla se fue a trabajar como técnico telefónico a Hungría y, en 1882, se fue a Francia para incorporarse en la empresa de Thomas Edison *Edison Continental*, en París.

Al joven Nikola le encantaba atrapar ranas, montar en la vaca de la familia y jugar con el gato, Macak. El amor por la lectura y la poesía lo heredó de su padre, un sacerdote llamado Milutin, y su ingenuidad de su madre, Djuka.

El superior de Tesla en Edison Continental era Charles Batchelor, el ingeniero británico que trabajó con Edison. A menudo jugaban juntos al billar, y Tesla le hablaba sobre sus planes de lograr una corriente alterna.

En 1883, Tesla inventó el primer motor de la historia que funcionaba con corriente alterna (CA). La mayoría de científicos no habían atendido a la CA, pues pensaban que no era manipulable, pero esta contaba con un gran número de ventajas sobre la CC. Por ejemplo, podía transmitirse a largas distancias de manera más eficaz. Sin embargo, Tesla no logró encontrar compradores para su revolucionario concepto. Así, en la primavera de 1884, navegó a Estados Unidos desde Europa, esperando reunirse con el propio Thomas Edison. Llevó con él una carta de presentación de Charles Batchelor, uno de los colaboradores más cercanos de Edison. La carta decía: "*Conozco a dos grandes hombres. Usted* [Edison] *es uno de ellos. El otro; este joven*".

Tesla llegó a Nueva York tras un terrible viaje desde París en el que le robaron. Llegó solamente con cuatro céntimos en el bolsillo, y con algunos poemas y cálculos para crear una extravagante máquina voladora.

Tesla conoció a Edison poco después de llegar a Nueva York. Los dos eran apasionados, dedicados y muy trabajadores, pero otros muchos aspectos los diferenciaban. Tesla era estudioso, callado e inocente. Edison era hábil, confiado y un vigoroso hombre de negocios. Rechazó las propuestas sobre la CA de Tesla, pero hizo que se hiciera cargo de su equipamiento de CC. Tesla se esforzó mucho en el diseño de un equipamiento más eficiente para Edison, y colocó generadores en el buque de cruceros *Oregon*, pero se pelearon cuando Edison no aceptó las condiciones de pago de Tesla. Tesla, dejó entonces su puesto.

Tesla se quejó porque Edison había prometido pagarle 50.000 dólares por rediseñar algunos motores y generadores. Cuando Tesla le pidió el dinero, en 1885, Edison incumplió su palabra diciendo: "Tesla, usted no comprende nuestro humor americano"

Tesla hizo dinero haciendo acequias y trabajando de peón, pero nunca dejó de desarrollar sus ideas. Inventó un sistema completo, con todas y cada una de las partes, dinamos, transformadores y motores, para generar y transmitir electricidad de CA para largas distancias. Este sorprendente logro cambiaría el futuro de la electricidad. La compañía eléctrica de George Westinghouse pagó generosamente a Tesla su idea. Recibió un millón de dólares por adelantado, y generosos derechos futuros por cada unidad eléctrica vendida: una suma que probablemente llegara a las decenas de millones.

Westinghouse y Tesla se vieron embarcados en una "guerra de las corrientes" contra Edison y sus sistema de CC, que era capaz de transportar la electricidad únicamente a 1 ó 2 km. Las grandes demostraciones de la electricidad de CA que desarrollaron Tesla y Westinghouse mostraron de modo gradual su gran valor, y la CA es hoy en día el modo por el que se distribuye la electricidad a la mayor parte de las poblaciones del mundo.

Tesla inventó el motor de inducción sin cepillos, que funcionaba por CA, en 1887. Sus motores por CA eran más rápidos, más sencillos y más fiables que los motores por CC de la época.

El sistema eléctrico por CA de Tesla y Westinghouse iluminó la increíble cifra de 96.620 lámparas en la Feria Internacional de Chicago de 1893. Más de 25 millones de personas pudieron ver la "ciudad de la luz", y se demostró que se había llegado a un punto sin retorno en la guerra de las corrientes.

Tesla empleó casi toda su nueva fortuna en la creación de un laboratorio en Nueva York, que se convertiría en el lugar de origen de muchos logros sorprendentes. Tesla inventó nuevas formas de iluminación, más brillantes, y experimentó con el envío de electricidad por el aire para iluminar lámparas sin cables. Inventó también la *bobina de Tesla*, un dispositivo que se emplearía en muchas de las primeras radios y equipos de televisión. Tesla descubrió que sus bobinas podían también emplearse para enviar y recibir ondas de radio. Este descubrimiento, lo hizo muchos años antes de que Guglielmo Marconi, considerado a menudo el inventor de la radio, comenzara con sus experimentos.

1895 fue un año de triunfos y preocupaciones. En las Cataratas del Niágara comenzó a funcionar una gran estación hidroeléctrica que empleaba generadores de Tesla y que ofrecía energía suficiente para un año a la gran ciudad de Búfalo, a 35 km. Tesla se había preparado también para sorprender al mundo con sus demostraciones de la radio y con otros trabajos, pero el desastre llegó en forma de incendio, cuando el fuego devoró su laboratorio, y destruyó el trabajo de Tesla.

De niño, Tesla había visto un grabado de las Cataratas del Niágara, y había soñado con capturar su enorme energía. En 1895, cuando comenzó a funcionar su central, el sueño se hizo realidad.

En 1898, el experimento de Tesla con la resonancia magnética hizo que los edificios cercanos vibraran con violencia, rompiendo ventanas y tuberías. Cuando llegó la policía lo encontraron destruyendo el aparato con un mazo.

En una exhibición eléctrica en el Madison Square Garden, Tesla mostró un barco dirigido por radio. Éste tenía "puertas lógicas" que le ayudaban a tomar decisiones. Hoy en día, las puertas lógicas son parte esencial de la computación.

Tesla logró reponerse del incendio y, tres años después, mostraba una tecnología que se adelantaba a su tiempo en medio siglo. Había construido un pequeño barco de casco de hierro que se controlaba con un transmisor de radio inalámbrico. Había inventado el primer dispositivo accionado por control remoto, y un antecesor de los robots teledirigidos, aunque nadie parecía interesado por las diferentes maneras de aprovechamiento de esta tecnología sin cables.

En 1899, se fue a Colorado Springs. Quería probar a transmitir grandes cantidades de electricidad sin cables, y pensó que resultaría más fácil en un lugar aislado de gran altitud. Iluminó con éxito más de 200 lámparas que se encontraban a 40 km sin emplear cables eléctricos. Por desgracia, sus experimentos hicieron también que ardiera parte de la estación eléctrica cercana a la ciudad, y Tesla tuvo que pagar por los daños causados.

Posteriormente, volvió a Nueva York. Allí diseñó la enorme Torre Wardenclyffe, que se comenzó a construir financiada por el rico hombre de negocios J. P. Morgan. Tesla planeó la torre pensando en conformar un gran centro internacional inalámbrico que ayudara a transmitir electricidad, sonido e imágenes con total libertad por la atmósfera. Sin embargo, Morgan dejó de subvencionar el proyecto, que nunca se completaría del todo.

La bobina de Tesla aumenta la electricidad a tensiones muy altas (hasta el millón de voltios), y creaba un poderoso campo eléctrico que podía iluminar lámparas sin cables. Una noche, la gigantesca bobina de Tesla produjo una chispa eléctrica de 41 m de longitud.

La guerra de las corrientes trajo consecuencias. La electricidad por CA ganó, pero con un gran coste para las empresas que la promovieron. Más científico que hombre de negocios, Tesla aceptó de Westinghouse la cantidad de 216.000 dólares, en lugar de los millones provenientes de derechos por venta. Por esta razón pronto se quedó sin el dinero y, en 1916, se declaró en bancarrota. Buena parte de sus extraordinarias ideas se quedaron en los cuadernos por falta de fondos. Entre ellas, el empleo de ondas de radio para detectar submarinos (algo similar a lo que hacen los radares) y un poderoso rayo de partículas, parecido a un láser, que podía haberse empleado como arma. Muchos se burlaron de sus ideas, y el FBI le dedicó un expediente de 156 páginas, y es probable que confiscara sus notas tras su muerte.

Tesla se fue haciendo más excéntrico con la edad. Estaba obsesionado con su higiene personal, se resistía a tocar ciertos artículos, y solamente podía quedarse en habitaciones de hotel cuyos números pudieran dividirse entre tres.

En 1943, Tesla murió, solo y sin un penique, en su suite del hotel New Yorker. Dejó tras de sí un increíble legado. Poco después de su muerte, la Corte Suprema de Estados Unidos declaró que, efectivamente, Tesla y no Marconi, había inventado la radio. Tesla tenía una capacidad de invención ilimitada, y una curiosa genialidad a menudo adelantada a su tiempo.

Los últimos diez años de su vida, Tesla los pasó en la habitación 3327, la suite de dos habitaciones de la planta 33 del hotel New Yorker. Allí, sus visitantes más frecuentes eran las palomas, a las que alimentaba y estimaba.

La enorme Torre Wardenclyffe nunca funcionó y los periódicos se mofaban de su claro error. Fue derribada en 1917, cuando el gobierno estadounidense temía que pudiera ser utilizada por espías enemigos.

NEXO VITAL

Durante sus trabajos con la electricidad de alta frecuencia, Tesla se enfrentó al fenómeno de los rayos X, a los que llamó "sombrógrafos", y creó imágenes de su propio cuerpo. El trabajo de Marie Curie ayudó a que los rayos X se convirtieran en una herramienta vital para la Medicina. Y ella equiparía y formaría a cientos de unidades de rayos X durante la Primera Guerra Mundial.

Marie Curie

Curie descubrió el radio entre la pechblenda. Altamente radiactiva, todavía hoy en día contamina sus herramientas y cuadernos.

París, 1989. Marie Curie llevaba horas trabajando en un húmedo y desnudo cobertizo. Estaba investigando un mineral llamado *pechblenda*, tratando de encontrar la fuente de sus poderosas partículas y rayos de energía que hoy en día conocemos como *radiación*. Por fin, descubrió un nuevo elemento químico. Curie ya había inventado la palabra *radiactividad*, y ahora, denominaba *radio* al nuevo elemento.

Nacida en Varsovia, Polonia, Marie Sklodowsla tenía de niña una memoria excelente, y aprendió a leer a los cuatro años. Polonia se hallaba bajo dominio ruso, por lo que las clases de Marie eran en ruso, aunque, aún así, destacaba. Al igual que su hermana mayor, Bronia, y que su hermano, Joseph, obtuvo una medalla de oro como mejor estudiante de su escuela de secundaria. Tenía 16 años cuando comenzó a dar clases, el dinero que ganaba se lo enviaba a Bronia que estaba estudiando en la universidad de París. Ocho años después, en 1891, Marie logró su sueño, viajar a esa ciudad para estudiar allí.

En la famosa Sorbona, la universidad de París, Marie se entregó al estudio de las Matemáticas y la Física. Tenía poco dinero y poco interés en participar del moderno modo de vida parisino, y se concentró en sus titulaciones. En 1894, mientras investigaba con el magnetismo en diferentes aceros, conoció a Pierre Curie, un científico de 35 años aclamado por su trabajo con el magnetismo y el cristal.

Marie Curie dejó Polonia para encontrarse con su hermana Bronia. El viaje en tren duró cuarenta horas. Lo hizo en cuarta clase, sentada en una silla que ella misma había llevado.

En 1896, Henri Becquerel descubrió unos misteriosos rayos que provenían del uranio. Las noticias llegaron rápidamente a oídos de los Curie, y Marie pasó a investigar si esta "radiación", existía en otros elementos.

Marie y Pierre descubrieron que su principal fuente de uranio, un mineral llamado pechblenda, poseía niveles de radiactividad mucho mayores que el uranio puro. ¡Algún componente de la pechblenda tenía que ser muy radiactivo! La pechblenda está formada de más de 25 elementos químicos, y volver a refinarla para aislar cada uno de sus elementos resultó ser un trabajo largo y duro. Finalmente, en 1898, descubrieron no uno, sino dos nuevos elementos: el polonio y el radio. El polonio no podía aislarse del todo, pero el radio resultaba más prometedor. Compraron una gran cantidad de pechblenda de residuos industriales, y Marie pasó cuatro años aislando solamente una décima parte de un gramo de radio. Incluso esta mínima cantidad era suficiente. Pierre y Marie descubrieron que el radio era aproximadamente un millón de veces más radiactivo que el uranio.

Pierre y Marie se casaron en 1895. Su inusual luna de miel consistió en un viaje en bicicleta por la campiña francesa.

El clamor por el radio fue creciendo, y los Curie se hicieron famosos, en un recorrido que se selló cuando ganaron, junto con Henri Becquerel, el Premio Nobel de Física de 1903. Marie era la primera mujer en lograr el prestigioso reconocimiento. Tanto ella como Pierre estaban demasiado enfermos como para viajar hasta Suecia a recibir el premio. Probablemente ya sufrían los efectos de la exposición a la radiación, un peligro que no se comprendía del todo en la época.

Refinar la pechblenda era un trabajo arduo, se realizaba con un proceso conocido como *electrolisis*. El laboratorio de la pareja era un gran cobertizo destartalado cubierto por un tejado de cristal que apenas protegía de la lluvia.

La tragedia llegó en 1906, con la muerte de Pierre. Esto impactó mucho a Marie, que quedaba con dos hijas a su cargo, Irene y Eve, pero que continuó trabajando.

Curie investigó el potencial médico del radio. El radio emitía gas radón, que podía recogerse, almacenarse en tubos, y emplearse en la destrucción de tumores cancerígenos.

Como el radio podía utilizarse combinado con otros químicos en sustancias llamadas *sales de radio*, Marie se dedicó a aislar radio puro para estudiar todas sus propiedades. Este trabajo, entre otros, la convirtió en la primera persona en ganar dos Premios Nobel. Esta vez el de Química, en 1911.

Trabajar con el radio resultaba en ocasiones imprevisible, como experimentó Pierre Curie en una ocasión. Mientras calentaba dos probetas (una de ellas con sales de radio) en un hornillo eléctrico, los recipientes explotaron de repente. Se perdió una décima parte de un gramo del precioso radio.

Curie viajó a Estocolmo con su hija Irene y su hermana Bronia para recibir su segundo Premio Nobel.

Pierre Curie murió atropellado por un coche de caballos en una lluviosa calle de París. Sufrió una fractura en el cráneo y falleció en el acto.

A las pocas semanas de la muerte de Pierre, Marie Curie se convirtió en la primera mujer que daba clases en la Sorbona en sus 600 años de historia. Comenzó su primera lección con las últimas palabras pronunciadas por Pierre en su última clase.

En 1909, la Sorbona y el Instituto Pasteur decidieron financiar el Instituto del Radio. A Curie le entusiasmaba la idea de contar con un laboratorio específico. Sin embargo, cuando el edificio estuvo terminado en 1914, la Primera Guerra Mundial estalló. La mayor parte del personal se alistó en el ejército francés, y mucha gente comenzó a trabajar como voluntaria. Ella sabía que los rayos X podían ser vitales para tratar a soldados heridos, al permitir buscar balas y metralla oculta en sus cuerpos. Inició campañas para conseguir fondos, buscó equipos, y comenzó a organizar hospitales con instalaciones con rayos X.

Marie y su hija Irene trabajaron juntas en unidades de radiología en el campo de batalla durante la Primera Guerra Mundial.

Con la ayuda de la Cruz Roja, Curie convirtió vehículos de motor en unidades de radiología móviles completas. Con dinamos accionadas por el motor, cada una de ellas contaba con todo el equipamiento necesario para producir rayos X.

En una ceremonia en la Casa Blanca, el presidente estadounidense Warren Hardin se presentó a Curie con la llave de un recipiente que contenía radio. Le dijo: *"La recibimos como pionera entre los científicos en esta Era de la Ciencia"*.

Curie preparó muchos vehículos equipados con rayos X, conocidos como "*Petites Curies*". Organizó también unas 200 instalaciones en hospitales de campaña, y formó a cientos de personas para que trabajaran con ellas. Durante la guerra, estas instalaciones examinaron a más de un millón de heridos, con lo que salvaron muchas vidas.

El Instituto del Radio de París ya estaba abierto, pero carecía de recursos. En 1920, una entrevista con la periodista María Meloney sería crucial para su futuro. Meloney quedó sorprendida al saber que la descubridora del radio contaba únicamente con un gramo del elemento para investigar en el instituto, mientras que Estados Unidos tenía 50 veces esa cantidad. Al regresar a Estados Unidos, Meloney se dedicó a conseguir 100.000 dólares para comprar radio para el instituto. Marie hizo su primer viaje por el Atlántico en 1921, para recibir el radio, más fondos y equipamiento útil.

Durante los años 20, Curie siguió trabajando en el instituto, investigando los usos pacíficos y médicos de la radiactividad. Contaba con la ayuda de Irene y, en 1925, con la de un asistente, Frédéric Joliot, que se casó con Irene el año siguiente.

Por haber estado expuesta durante décadas a la peligrosa radiación, sin protección alguna, su cuerpo comenzó a padecer las consecuencias. Curie estaba cada vez más enferma, pero no quería retirarse. En 1934, justo cuando Irene y Frédéric lograban grandes avances al convertir una sustancia no radiactiva en una radiactiva, Marie murió.

Al año de su muerte, Irene y Frédéric Joliot-Curie obtuvieron el Premio Nobel. Marie e Irene se convirtieron en las primeras madre e hija que consiguieron el galardón.

En una sociedad dominada por científicos hombres, Marie Curie destacó por su dedicación, inteligencia y gran voluntad. Sin duda, despejó el camino a otras científicas que llegarían a lo largo del siglo XX.

Como se desconocía el peligro que encerraba, el radio se convirtió en un ingrediente popular en todo tipo de productos, desde cremas faciales hasta lanas.

Marie era amiga de Albert Einstein. A los dos científicos les gustaba pasear juntos por el campo y charlar sobre sus ideas.

NEXO VITAL

El ingeniero William J. Hammer visitó a los Curie en 1902. Estos le dieron una muestra de radio que le inspiró para desarrollar instrumentos aéreos luminosos que los pilotos veían con más claridad. Hammer, un apasionado de la aviación, se reunió muchas veces con Glenn Curtiss, e incluso le escribió el contrato para que participara en la competición del río Hudson, que Curtiss ganó en 1910.

Glenn Curtiss

Enero de 1907. Glenn Hammond Curtiss iba agachado sobre su monstruosa motocicleta y recorría Ormond Beach, en Florida, Estados Unidos. El motor había arrancado después de que sus amigos Tank Walters y Thomas Baldwin la empujaran. Sus amigos le temían. Nunca nadie había viajado tan rápido antes, y con un ciclomotor que no tenía frenos. La mayoría de los vehículos a motor de la época podían alcanzar, como mucho 60 ó 70 km/h. La velocidad que Curtiss alcanzó era sorprendente: 219 km/h. Montado en su ciclomotor era la persona más rápida de la Tierra.

Curtiss había crecido en el Estado de Nueva York. Su padre murió cuando tenía cinco años y, con 14, trabajó para la empresa Kodak montando cámaras. Logró hacerse con una reputación de hábil mecánico, capaz de reparar casi cualquier dispositivo y, en 1900, abrió su primera tienda de bicicletas.

La bicicleta, a la que Curtiss le había incorporado un motor, rompió todos los récords en 1907, era mucho más larga que el resto, ya que necesitaba espacio para su enorme motor V8.

Al año siguiente, Curtiss montó un motor al cuadro de una bicicleta por primera vez. El motor lo había pedido por correo, y a Curtiss no le convencía su calidad, por lo que comenzó a realizarle cambios para mejorarlo. Su primer carburador (la parte del motor que mezcla aire y combustible) lo fabricó con una vieja lata de tomate rellena de estropajo de metal.

De adolescente, Curtiss compró una vieja bicicleta, la reparó, y comenzó a trabajar como mensajero, entregando paquetes. En su tiempo libre, conseguía un dinero extra como corredor ciclista.

Curtiss comenzó a correr con sus motocicletas caseras y estableció un récord de velocidad de 103 km/h en 1,6 km. Los pedidos de motores y motocicletas comenzaron a llegar y se comercializaron con la marca Hercules. En unos pocos años, Curtiss era considerado el mejor fabricante de motores ligeros de Estados Unidos. Uno de sus motores lo compró un antiguo trapecista de circo, Thomas Baldwin, que lo adhirió a su aeronave *California Arrow* en 1904. Fue en esta máquina en la que Curtiss hizo su primer vuelo.

El inventor del teléfono, Alexander Graham Bell, estaba deseando trabajar con Curtiss. Así, los dos formaron la Asociación Experimental Aérea (AEA), que fabricó seis aeronaves. En 1908, su tercera nave, *June Bug*, diseñada por Curtiss, hizo el primer vuelo público de 1 km en Estados Unidos, por el que obtuvieron un gran premio. Al año siguiente, Curtiss diseñó una nueva aeronave con grandes alerones (aletas que facilitan el giro de un avión) y un motor refrigerado por agua. En esta máquina, Curtiss ganó a un famoso aviador francés Louis Bleriot en una trayectoria de 20 km, así consiguió la Copa Gordon Bennet.

En 1906, Curtiss y Baldwin viajaron en la aeronave *California Arrow* para visitar a los hermanos Wright, por los que Curtiss sentía una gran admiración.

La reunión con Orville y Wilbur Wright fue cordial, pero los hermanos no mostraron interés por trabajar con Curtiss.

La tarde del 4 de julio de 1908, Curtiss sobrevoló la granja Stony Brook en el *June Bug*, entre aplausos de espectadores y flashes de periodistas.

En 1910, Eugene Ely utilizó un avión de Curtiss para despegar por primera vez de un barco. Al año siguiente, hizo el primer aterrizaje en un buque, también en un avión de Curtiss.

Curtiss era un hombre tremendamente práctico. Frustrado por la base teórica de la AEA, la dejó y comenzó a fabricar su primer avión. Consiguió obtener publicidad, pedidos y dinero extra con frecuentes muestras de vuelo en público. En 1910, llevó a cabo un sorprendente vuelo sobre el río Hudson, desde Albany a la ciudad de Nueva York, por esa hazaña recibió un premio de 10.000 dólares.

El vuelo no solamente despertó la imaginación del público, sino también el interés del mundo militar. Curtiss estaba empeñado en divulgar la aplicación práctica de su avión, e hizo demostraciones de bombardeos aéreos y artillería para el Ejército y la Marina en 1910. Al año siguiente, experimentó con las comunicaciones de radio del avión, y construyó el primer hidroavión, el *Triada A-1*, que tenía tanto ruedas como flotadores en su parte inferior. Curtiss lo vendió, y muchos otros hidroaviones posteriores, a las primeras Fuerzas Aéreas de Europa y Norteamérica.

Curtiss rodeó la Estatua de la Libertad tras su vuelo sobre el Hudson de 243 km desde Albany. Pese a que debía enfrentar fuertes vientos que amenazaban con derribar el avión, las únicas medidas de seguridad de Curtiss eran unas botas de pescador y un chaleco salvavidas relleno de corcho.

El primer aeroplano que cruzó el Atlántico, aunque con paradas en el camino, fue el NC-4 de Curtiss, en 1919.

La empresa de Curtiss creció, hasta convertirse en el mayor fabricante de aviones de la Primera Guerra Mundial, con unos 18.000 trabajadores que producían más de 10.000 aviones. El más popular de todos los modelos era el *Curtiss JN*, o "*Jenny*". Se empleaba para formar a miles de pilotos civiles y militares, incluido Charles Lindbergh, que, en 1927, hizo el primer vuelo sin escalas a través del Atlántico, entre Nueva York y París.

Curtiss dejó el negocio de la aviación en 1921, pero siguió aconsejando a algunos fabricantes de aviones.

Se fue a vivir a Florida, donde amasó una segunda fortuna cuando invirtió en propiedades. Tras una operación en 1929, Curtiss murió a los 52 años. El conductor más rápido se había convertido en pionero de la aviación naval. Ayudó a desarrollar muchas de las funciones que podemos encontrar en los aviones modernos, desde el control de dos pilotos para aviones de formación hasta las ruedas de aterrizaje retraíbles.

Cuando Curtiss y su equipo trabajaban en los biplanos Jenny, se guiaban por unos bocetos que habían dibujado en los muros de la fábrica. Un terrible día, ¡un nuevo empleado limpió las paredes!

A finales de los años veinte, Curtiss produjo sus aerodinámicas casas móviles Aerocar. Algunos modelos tenían cuatro camas, una cocina, agua corriente, y una zona de observatorio con un techo de cristal.

NEXO VITAL
Curtiss fue el padre de la aviación naval y, en 1911, fabricó los hidroaviones Triada A-1, comprados por las Fuerzas Armadas rusas. De adolescente, Sergéi Koroliov tuvo su primer encuentro con la aviación con los hidroaviones rusos WWI, en los que voló por primera vez. Dedicó entonces su vida profesional a la aviación y a los viajes espaciales.

Sergéi Koroliov

12 de abril de 1961. ¡*Poyekhali*! ("¡Vamos!") dijo por radio Yuri Gagarin mientras la enorme nave Vostok despegaba del cosmódromo Baikonur de Kazajistán. En unos minutos, Gagarin sería la primera persona que viajaba al espacio. En su misión de 108 minutos, Gagarin comió, bebió agua y experimentó la ingravidez cuando su bolígrafo flotó fuera de su alcance. Destacó la belleza de la impresionante vista que se apreciaba desde el espacio interior.

Gagarin se lanzó en la cápsula de la nave a 7.000 m sobre la Tierra, y cayó con paracaídas a un lugar seguro. En un gran desfile y ceremonia en Moscú, Rusia, Gagarin fue recibido como un héroe, aunque el hombre responsable de la misión, que había diseñado la nave y co-diseñado la cápsula de la Vostok, quedó en un segundo plano. Durante su vida, todo el mundo lo conoció como el misterioso "Jefe Diseñador". Se trataba de Sergéi Pávlovich Koroliov.

La cápsula espacial *Vostok 1* de Gagarin fue lanzada al espacio con un enorme cohete de cinco motores.

Como adolescente obsesionado con los aviones, Koroliov solo pensaba en nadar por las frías aguas de un puerto para acercarse a ver un escuadrón de hidroaviones rusos.

Un granjero ruso y su hija presenciaron asustados la llegada de Gagarin a la Tierra en paracaídas. Les dijo: "No se preocupen. Soy ruso como ustedes... tengo que buscar un teléfono para llamar a Moscú"

Koroliov solo tenía seis años cuando vio las exhibiciones aéreas del pionero ruso Sergéi Utochkin en su ciudad natal de Nizhyn. Le causaron una fuerte impresión. Cuando se fue a vivir a Odesa, en 1917, Koroliov estaba entusiasmado con la aviación. Se unió al club aeronáutico local y comenzó a diseñar y construir sus propios planeadores. En 1924, fue a vivir con su tío para estudiar en el Instituto Politécnico de Kiev, y posteriormente asistió a una escuela técnica de Moscú, donde uno de sus profesores era el famoso diseñador de aviones Sergéi Tupolev. Como contaba con pocos recursos, Koroliov trabajó vendiendo periódicos y de carpintero.

Koroliov centró su atención en los cohetes y en el espacio a finales de los años 20. Leyó la obra del pionero espacial Konstantin Tsiolkovsky y tuvo la ocasión de reunirse con él en 1929. Mientras trabajaba en la oficina de diseño aeronáutico gubernamental, formó parte de un grupo de jóvenes ingenieros de cohetes conocido como el GIRD. En 1933, era diseñador jefe en el momento del lanzamiento del primer cohete de combustible líquido, el 09. Las Fuerzas Armadas comenzaron a fijarse en Koroliov, y pronto el joven diseñador fue nombrado subdirector del Instituto de Investigación de Propulsión a Reacción (RNII).

El viaje en el viejo y desvencijado aeroplano M-9 casi termina en desastre para un Sergéi de 16 años. Se encontraba en el ala del avión comprobando el suministro de combustible cuando el motor se caló. El avión se levantó y giró, y Koroliov cayó al mar.

El cohete GIRD-09 se elevaba 400 m del suelo, y salía propulsado por combustible líquido. Fue un gran logro para Koroliov y para el resto del equipo de ingenieros.

Cuando el conflicto con la Alemania nazi iba en aumento, Stalin liberó a muchos técnicos para que apoyaran el esfuerzo bélico. Koroliov fue enviado a trabajar en una prisión-centro de diseño llamada *sharashka*. Su jefe era su antiguo consejero, Sérgei Tupolev.

Después de la Segunda Guerra Mundial, a Koroliov se le ordenó que se especializara en cohetes que pudieran emplearse como misiles. En 1957, se lanzó el R7 *Semyorka*. El primer misil balístico intercontinental (ICBM) podía recorrer 7.000 km y transportar una bomba nuclear. Por fin, Koroliov pudo cumplir con su deseo de utilizar el cohete R7 con fines pacíficos de exploración del espacio. Él y su equipo diseñaron y construyeron el Sputnik 1, el primer satélite artificial del mundo. El 4 de octubre de 1957, se lanzó a bordo de un cohete R7. Orbitó la Tierra una vez cada 96 minutos durante unos tres meses. Durante 22 días, envió un pitido por radio que podía recogerse en todo el mundo.

La vida en el gulag Maldyak era dura. Los prisioneros trabajaban durante horas en minas de oro, pero solo se alimentaban de sopa de col y rebanadas de pan duro. Cuando Koroliov enfermó de escorbuto, la única medicina que le dieron de beber fue jugo de patata.

A finales de los años 30, el dirigente soviético Jósef Stalin orquestó el Gran Terror al arrestar, encarcelar o ejecutar a miles de oficiales, políticos, científicos y militares. Koroliov temía que el terror llamara a su puerta. No tuvo que esperar mucho. Fue arrestado, golpeado, y condenado por pertenecer a grupos antisoviéticos y por sabotaje. Los cargos no eran ciertos, pero fue enviado a un *gulag*, un campo de trabajos forzados, en las profundidades de la aislada Siberia oriental. Las condiciones de vida eran terribles, y Koroliov padeció un gran sufrimiento, perdiendo la mayoría de sus dientes fue maltratado y tuvo escorbuto.

El cohete R7 de Koroliov estaba compuesto por un gran motor cohete y cuatro impulsores. Todo esto generaba una importante fuerza de empuje.

El *Sputnik 1* era una esfera de metal de 585 mm de diámetro con 51 kg de baterías y un transmisor de radio. Tenía instaladas cuatro largas y finas antenas.

Los cohetes R7 se transportaban de manera horizontal hasta la plataforma de lanzamiento. Algunas versiones actualizadas de estos cohetes, que no son reutilizables, todavía hoy lanzan al espacio a los cosmonautas rusos.

El lanzamiento del *Sputnik* supuso una gran victoria para la Rusia soviética, reactivándose así la "carrera espacial" con Estados Unidos. Durante los años siguientes, los líderes soviéticos ordenaron a Koroliov y a su equipo que tenían que mantenerse en la primera línea de la innovación. Un mes después del lanzamiento del *Sputnik*, el equipo de Koroliov envió a una perra llamada Laika a una misión sin retorno, para convertirse en el primer ser vivo que viajaba al espacio. El *Sputnik 3*, lanzado el año siguiente, fue la primera nave que transportaba un laboratorio completo, activado por paneles solares; en esto también fue pionero.

Entonces los soviéticos pusieron sus ojos en la Luna. Koroliov trabajó mucho para mejorar sus cohetes, necesitaba que generaran un mayor impulso. En septiembre de 1959, tras una serie de intentos fallidos, la *Luna 2* fue la primera nave que aterrizó en la Luna. Fue un sorprendente logro de Koroliov y su equipo, pero, apenas un mes después, la *Luna 3* causó todavía más sensación. Orbitó en torno al satélite y envió fotografías de su lado más lejano, nunca visto hasta entonces.

No todos los lanzamientos de Koroliov fueron exitosos. En 1960, un prototipo de la cápsula Vostok no tripulado, lanzado con un R7, explosionó 28 segundos después de su despegue.

La misión de 1960 del *Sputnik 5* vio cómo dos perros, Belka y Strelka, un conejo y unas ratas y ratones se convertían en las primeras criaturas que se ponían en órbita y regresaban con vida.

En torno al 1960, la carrera por conseguir el primer vuelo tripulado al espacio se encontraba en su punto álgido. Koroliov y otros cientos de técnicos trabajaban contra reloj en el cohete de lanzamiento y en la nave Vostok 1. En muchos casos, tuvieron que inventar sistemas desde cero, ya que nadie antes había tratado de llevar a cabo una misión así.

A pesar del éxito de la misión Vostok, el puesto de Koroliov nunca estuvo asegurado. Tenía mucha competencia, y los cargos se repartían entre quienes contaban con el favor de los dirigentes soviéticos. Sin embargo, albergó nuevos éxitos al enviar a la primera mujer al espacio (Valentina Tereshkova) en 1963, y al organizar el primer paseo espacial, dos años después.

La victoria final de Koroliov sobre los estadounidenses llegó en marzo de 1965. El cosmonauta Alekséi Leonov dejó su cápsula Voskhod a través de una esclusa de aire y dio un paseo espacial de 10 minutos.

Versiones mejoradas del cohete R7 siguieron sirviendo en las innovadoras misiones espaciales soviéticas, pero Koroliov quiso seguir adelante, esta vez centrándose en un aterrizaje tripulado en la Luna. Comenzó a desarrollar un gran cohete, el N-1, y la avanzada nave Soyuz. La escasa financiación y las luchas políticas internas dificultaron estos proyectos, por eso los soviéticos nunca llegarían a la Luna. A mediados de la década de los 60, Koroliov estaba enfermo. Tenía exceso de trabajo y mucho estrés, pero aún así, su muerte poco después de una operación de rutina en 1966, impactó a sus amigos.

La identidad del Jefe Diseñador se reveló al resto del mundo después de su muerte y, aún hoy, no es un personaje muy conocido. Sin embargo, la visión de Sergéi Koroliov, su persistencia y brillantez otorgaron al mundo muchos avances en tecnología espacial, incluido el primer satélite y el primer hombre y la primera mujer en el espacio, logros de los que el mundo actual sigue haciéndose eco.

Koroliov tenía una gran influencia en el momento de formar y seleccionar cosmonautas. Hizo gran amistad con Yuri Gagarin, quien fue seleccionado para desarrollar el primer vuelo tripulado al espacio.

Koroliov diseñó y desarrolló las primeras versiones de la nave Soyuz, pero murió antes de verla terminada con éxito. La nave se sigue utilizando en la actualidad.

Otros inventores famosos

Al Jazarí (c. 1136–1210)

El artesano e ingeniero oriundo del norte de Mesopotamia (hoy, Irak y Siria) Al Jazarí, escribió la obra *El libro del conocimiento de ingeniosos mecanismos*. Publicada en 1206, describía con todo detalle 50 mecanismos muy avanzados, como el primer candado con llave conocido, además de bombas de succión, relojes mecánicos accionados con agua y figuras móviles. Muchas de sus máquinas y técnicas se adelantaron en siglos a la ciencia e ingeniería europeas.

Joseph Montgolfier (1740–1810) y Jacques Montgolfier (1745–1799)

Los hermanos Montgolfier eran hijos de un rico fabricante de papel. A los dos les fascinaba la posibilidad de volar, y experimentaron llenando con aire caliente, producido por fuego, unos recipientes de papel. En septiembre de 1783, los hermanos construyeron un globo que elevó a un pato, una oveja y un gallo a una altura de más de 450 metros. Dos meses después, un globo mayor, de 23 metros de altura y 14 de ancho, elevó a dos hombres hasta los 900 metros sobre París en una distancia de 9 km. Fue el primer vuelo exitoso realizado por humanos.

Alessandro Volta (1745-1827)

Nacido en Como, Italia, Volta se convirtió en profesor de Física Experimental de la Universidad de Pavía en 1779. Investigó sobre Química y Electricidad y, en 1800, inventó la pila voltaica, la primera pila de la historia. Estaba formada por discos de cobre, zinc y una cartulina empapada en agua salada. Las reacciones químicas causadas por los diferentes materiales producían un flujo constante de electricidad. La unidad eléctrica, el voltio y recibe su nombre de él.

Clarence Birdseye (1886-1956)

Después de dejar los estudios para convertirse en naturalista, Birdseye fue a trabajar con restos glaciares a Labrador, Canadá. Este estadounidense descubrió que el pescado capturado en la zona se congelaba prácticamente en el acto, y que, una vez descongelado, seguía estando fresco. Con apenas unos dólares, Birdseye comenzó a experimentar con métodos de empaquetado de alimentos frescos en cajas de cartón enceradas, que se congelaban bajo presión. La marca de Birdseye comenzó a vender sus productos en 1930. Birdseye inventó también un calefactor de infrarrojos y un modo de hacer pasta de papel con restos de caña de azúcar.

Douglas Engelbart (nacido en 1925)

Fue técnico de la Marina durante la Segunda Guerra Mundial, luego se unió al Instituto de Investigación de Stanford en torno al año 1950. Allí integró un equipo que desarrollaba numerosas tecnologías innovadoras que todavía empleamos cada vez que encendemos un ordenador. Engelbart desarrolló el NLS (el primer sistema en línea), un modo en el que los ordenadores trabajan entre sí. Incluyó los primeros hipervínculos (texto subrayado que muestra un sitio nuevo al usuario), e inventó el primer ratón. En 1968, Engelbart exhibió sus inventos en una demostración en la que también se conocieron usos pioneros de la videoconferencia y el correo electrónico. En la actualidad, con más de 80 años, sigue trabajando en su propio Instituto Bootstrap.

Glosario

Astronomía Estudio del Universo y de todas las estrellas, planetas y demás objetos que se encuentran en él.

Bomba nuclear Arma increíblemente poderosa y peligrosa que emplea la enorme energía liberada por los núcleos de los átomos que provoca muertes y daños a gran escala.

Cilindro En Matemática, forma con tres dimensiones con una superficie cilíndrica cerrada. En motores y bombas pueden encontrarse cilindros con forma de tubo.

Condensar Enfriar un vapor de modo que se convierta en líquido. Conductor Material u objeto que puede transportar una corriente eléctrica.

Densidad La cantidad de una sustancia contenida en una zona determinada.

Dinamo Dispositivo que genera electricidad.

Electrolisis Transmitir una corriente eléctrica a través de unas sustancias para separarlas.

Elemento Sustancia, hay más de 100 diferentes, como el oxígeno, el oro y el hidrógeno, que la química no puede reducir a componentes más simples.

Física Ciencia que estudia los fenómenos físicos y las fuerzas que hacen que se comporten del modo en el que lo hacen.

Geometría Área de la Matemática relativa a los tamaños y las formas.

Horario de verano Cuando se cambia la hora sumándole una, de modo que las tardes tienen más luz y las mañanas, menos.

Incandescente Que emite una luz brillante al haberse calentado.

Inquisición Organización de la Iglesia Católica Romana que perseguía a aquellos acusados de sostener creencias contrarias a las de la Iglesia.

Magnetismo Fuerza natural por la que algunas sustancias son atraídas o repelidas por metales como el hierro.

Orbitar Recorrido que hace un objeto en torno a otro en el espacio, el que hace un planeta alrededor de una estrella, como el Sol, o un satélite alrededor de la Tierra.

Péndulo Varilla que cuenta con un peso que cuelga de su extremo que lo hace moverse a un lado y a otro. Algunos relojes grandes los utilizan.

Pi Número (de volar aproximadamente 3,14159) representado con el símbolo "π". Si se multiplica pi por el diámetro de una circunferencia, se obtiene la longitud de la circunferencia.

Pistón Pieza del interior del cilindro de un motor o de una bomba que se mueve alternativamente por él.

Planeador Aeronave ligera con alas fijas, normalmente sin motor, que planea con corrientes de aire.

Polea Rueda con una cuerda atada a su alrededor que se emplea para elevar objetos.

Presión La fuerza que ejerce un objeto al impactar sobre otro.

Radiación Formas de energía que viajan a través del espacio. Los rayos de luz, de radio, ultravioleta y los rayos X son distintos tipos de radiación.

Radiología La utilización médica de la radiación para el diagnóstico y el tratamiento de heridas y enfermedades.

Soviético Relativo a la Unión Soviética, el país integrado por Rusia, Ucrania y otras repúblicas. Se formó en 1922 y se mantuvo hasta 1991.

Teledirigido Dispositivo o máquina, que un operador humano puede controlar desde la distancia.

Telégrafo Sistema de comunicación que envía y recibe mensajes sencillos a través de cables.

Transformador Dispositivo que transfiere energía eléctrica de un circuito eléctrico a otro.

Vacío Espacio del que se ha retirado toda materia.

Viaducto Tipo de puente, normalmente aquellos por los que pasa una carretera o vía de tren.

Volumen La cantidad de espacio que ocupa un objeto.

Índice de términos